少年儿童百科全书

我们的世界

（英）鲁斯·西蒙斯　著

徐淑玉　李家坤　译

曹传明　审校

辽宁科学技术出版社

·沈阳·

目录 Contents

这本书应该怎么看？

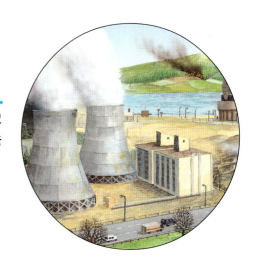

每两页有一个简介，用来介绍主题大意，紧接着是关键词。如果想要了解关于主题更多的内容，可以阅读"你知道吗"部分，或者按照箭头指示阅读相关条目。

简介：这部分是关于主题的简要介绍和一些基础知识。

箭头：延伸阅读，如果你想了解更多，请直接翻到箭头所指的那页。例如（➡22）表示向后翻到第22页。（⬅6）表示向前翻到第6页。

你知道吗：向小读者介绍更多有趣的知识点。

环境 Environment

人类对我们居住的地球做了许多改变，其中一些改变造成了不良的影响。工厂、车辆、飞机和发电站的排放物污染了海洋和空气，还给大气层增加了许多温室气体。因为世界人口不断增加，森林被砍伐用来建造新的房屋和开垦耕地，毁掉了许多动物的天然栖息地。一些生物种已濒临灭绝。

事故污染〔Accidental Pollution〕：是指意外地将污染物释放到环境中。例如，一艘载油船只失事，油池漏到海洋里。这可能会杀死或危害数以千计的动物。

酸雨〔Acid Rain〕：当工厂和发电厂排放的各种气体与水结合时，在大气层中会形成含酸性物质的雨。酸雨危害湖泊、河流和溪流中的野生生物，使土壤中酸性太高不适合植物生长。

空气污染〔Air Pollution〕：是指由车辆、工厂的烟囱和发电厂排放的各种烟气和烟雾造成的空气污染。空气污染加重温室效应，引起各种呼吸道疾病，例如哮喘。

可生物降解的废弃物〔Biodegradable Waste〕：是指有机废弃物，例如：能自然分解的物品。可生物降解产品的分解会释放一种温室气体——甲烷。

化学废弃物〔Chemical Waste〕：是指任何由化学品造成的废弃物。目前地球上大部分地区都或多或少受到化学废弃物的污染，危害动植物从而使人类面临新的疾病。

温室气体长久地困在大气层中积累热量

温室效应

氯氟碳化物〔Chlorofluorocarbons，CFCs〕：是指用在冰箱和喷雾器中的化学品。当氯氟碳化物（CFCs）释放到大气层时，它会破坏臭氧层。近几年它们的生产已大大减少。

气候变化〔Climate Change〕：是指地球天气情况的各种变化。近几年，气候的急剧变化由燃烧矿物质料和，在大气层中产生过量的二氧化碳造成的。气温升高会导致猛烈的暴风雨、干旱以及极地冰冠融化，海平面上升。

保护自然环境〔Conservation〕：是指管理自然环境和关心自然环境，以避免因动物物栖地的破坏和物种的灭绝而带来的自然界平衡。

如果全球变暖导致冰川融化，海平面将会上升。这将会导致全球许多沿海城市被海水淹没

沙漠化〔Desertification〕：是指森林、绿地或牧本从绿地变成沙漠的过程。沙漠是持久干旱的结果，或是人为造成的。例如，牧民和农民在绿地上过度放牧或是把河流、湖泊的水用来浇灌附近的农作物。目前沙漠面积比100年前大3倍多。

富营养化〔Eutrophication〕：是指湖泊或河流里含有过多的营养成分，经常是由于土壤中渗漏到湖泊或河流里的化学肥料引起的。富营养化引起水中植物旺盛生长，然后腐烂，耗尽水中氧气，从而杀死鱼类。

全球变暖〔Global Warming〕：是指地球气温的逐渐升高。过去的一个多世纪，地球的平均温度升高了0.5℃。大多数科学家认为这是燃烧矿物燃料累积的温室效应气体导致的。

污染源：飞机尾气①、工业污染②、森林大火与砍伐③、核电站④、煤气站⑤、垃圾场⑥和汽车尾气⑦。

温室效应〔Greenhouse Effect〕：大气层能防止太阳热量散失，存在于大气层中的某些气体可引起地球变暖。这些气体，例如：二氧化碳和甲烷，被称作温室效应气体。如果燃烧像煤和汽油一样的矿物质料（➡18）会带来过多温室效应气体的累积，多余的热量散发不出去，地球就会变暖。

漏油事故中幸存下来的鸭子

埋填法是处理垃圾的最广泛方法。

焚化〔Incineration〕：是指燃烧废弃材料以便处理。许多国家的垃圾埋填场把焚化当作一种垃圾处理的方法。燃烧废弃物所产生的热量能被用来发电，但燃烧废弃物所释放的气体可能造成空气污染。

垃圾填埋场〔Landfill〕：是指处理垃圾的地方，通常是通过埋的方式。垃圾埋

臭氧层〔Ozone Layer〕：是指大气层中稀薄的臭氧气体层。它阻止太阳到达地球有害射线。一些化学物，如氯氟碳化物（CFCs），释放到空气中会损害臭氧层，容许更多的太阳射线到达地球表面。

农药飘失〔Pesticide Drift〕：是指化学农药（➡17）从农作物那里渗流到土壤或水中，毒害植物和动物。

污染〔Pollution〕：是指人类活动的副产品对自然环境的有害影响，例如化学物质、污水、农药和噪声污染。

再循环〔Recycling〕：是指把废弃物，例如玻璃、金属或塑料等，转化成新物体的过程，这减少了对垃圾填埋和燃烧废弃物的需求。许多城镇设有垃圾回收处或垃圾箱供人们回收垃圾。

水污染〔Water Pollution〕：是指河流、溪流、运河、湖泊或海洋受到污染。污染可能来自人们不经意地倒进水沟的废弃物。在一些地方，未处理的污水直接倒进排水沟。化学肥料和农药也会污染水资源。

可回收垃圾箱

你知道吗

★ 如果温室气体的排放以现在的速度增长，到2100年地球温度可能上升4.5℃。

★ 2010年4月首发生最大的海洋漏油事件，当时在美国路易斯安那州沿海的一个海上钻井平台爆炸，爆炸夺去11名工人无辜，石油泄漏杀死了8000多种鱼类、海鸟、海洋哺乳动物和海鸟。

★ 臭氧层吸收97%～99%的太阳紫外线。

★ 每1吨回收利用的纸可拯救约17棵树。

★ 生产再生纸比用新鲜木浆生产纸节省约70%的能量。

关键词和条目：带颜色的关键词是这一主题中小读者应该了解的知识点，后面的文字是对这个词语的详细解释。

页码：让小读者轻易找到自己想看的那页。

人口 Population

20 世纪，世界人口经历了巨大的增长。1900年，世界人口还停留在16亿。如今，世界人口已达70亿，而且还在继续增长。增长的主要原因是死亡率的下降，这是卫生保健改善的功劳，在婴儿期儿童死亡人数减少，而成年人的寿命延长了。一个国家的人口是处于不断的波动状态的，出生、死亡、移居国内和国外的人口数量每天都在变化。

英国伦敦街道上拥挤的人群

出生率（Birth Rate）： 对居民出生数量的计量，通常以每年每1000人中的出生数表示。出生率最低的是日本，仅为7.31。最高的是尼日尔（非洲中西部国家），出生率是50.54。

人口普查（Census）： 官方对一个国家人口的统计，通常每10年统计一次。人口普查时，可能还会收集其他数据，比如宗教信仰和家庭收入等。

城市（City）： 一座大的重要城镇。每个国家都有一座首都城市，通常是政府所在地。其他的城市大多是围绕着港口和各种产业发展起来的。

文化（Culture）： 是指某一特定社会中人们的生活方式，包括人们的信仰、价值观、习惯、穿衣方式和语言等。

死亡率（Death Rate）： 是指对人口中死亡人数的计量，通常以每年每1000人中的死亡数来表示。死亡率最高的国家是安哥拉（非洲西南部国家），死亡率是23.4。死亡率最低的国家是阿拉伯联合酋长国，死亡率是2.06。

移居（Emigrate）： 是指人们为了在其他地方定居和工作，或者为了逃离在祖国的苦难而离开自己出生的国家。离开祖国去国外的人被称作移居国外的移民。进入一个国家定居的人被称为外来移民。

种族（Ethnic Group）： 是指共同拥有某些身体特征，或者有相同的语言、相同的宗教或相同习惯的社会群体，以及认为有共同身份感的社会群体。

土著人（Indigenous）： 土著人这个词通常用来指在外国人或文化接管某个地区之前，居住在当地的居民。

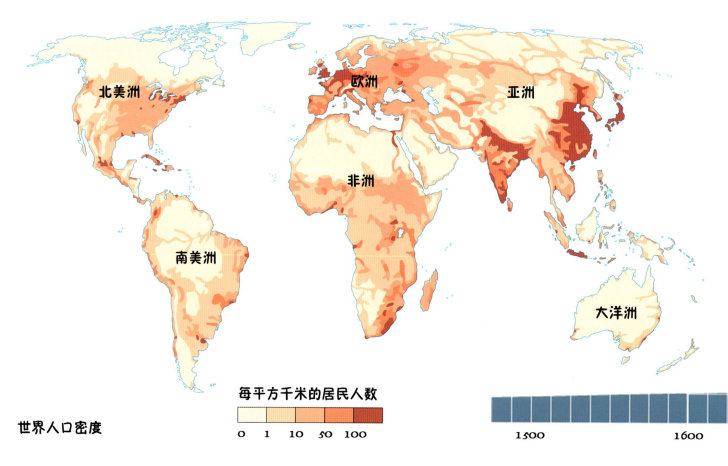

北美洲　欧洲　亚洲

非洲

南美洲

大洋洲

每平方千米的居民人数

世界人口密度

0　1　10　50　100

1500　　　1600

地球夜景图，可以看出哪些地方人口稠密

城市群（Megalopolis）： "城市群"是由几个城市组成的，这些城市逐渐发展壮大，并开始融合在一起形成巨大的城市群。它们加起来的人口数量可能达到上千万甚至上亿人。从波士顿经由纽约和费城至华盛顿这一美国东部地区就是一个典型的城市群。

日本首都东京，人口密度非常大。地铁经常人满为患

多元文化（Multiculturalism）： 是指在一个地域内，对多种文化的接受。例如，美国通常被认为是一个具有多元文化的国家。这里汇聚了来自不同国家的人们，他们把自己的传统和文化带到美国。

人口过剩（Overpopulation）： 是指某一地区的人口超过了这一地区资源所能承受的数量。一些人认为如果人类人口以目前的速度继续增长的话，未来就会出现食物、燃料和淡水的严重短缺。

人口（Population）： 是指一个国家、一座城市或其他某一具体地域的居民。

人口密度（Population Density）： 是指在某一特定地区居民的数量，通常以每平方千米的常住人口为计算单位。人口密度适合用于对某一城市或某一国家人口数的统计。世界人口最稠密的城市主要位于南亚和东亚。

人口增长（Population Growth）： 是指随着时间的流逝，一个地区人口数量的增长情况。

人口政策（Population Policies）： 是指政府对增加国家人口或减少国家人口所制定的政府政策措施。1978年，我国作为世界上人口最多的国家，出台了一项政策——"计划生育政策"，这项政策让我国的出生率从1970年的33.43‰降低到2013年的12.10‰。其他国家，像意大利和马来西亚，为了增加人口出生率，为父母提供经济鼓励政策来增加人口数量。

这张图表说明20世纪到21世纪早期人口出现了迅猛增长，有30亿人进入他们的生育期——相当于1960年全世界人口数

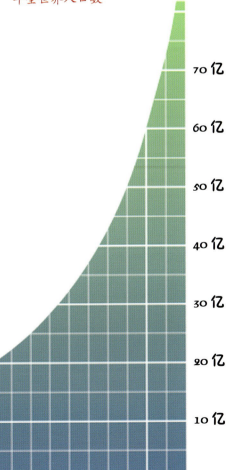

70 亿

60 亿

50 亿

40 亿

30 亿

20 亿

10 亿

1700　　　　1800　　　　1900　　　　2000

语言和文字 Languages & Writing

语言是人们进行沟通交流的各种表达方法。尽管一些语言，像手语，全靠手势来表达，但大多数语言是使用话语来表达的，话语是由不同的声音群组成的。口头语言分成不同的"家族"，相互关联，因为它们都是从一个共同的、较古老的语言逐渐发展而来的。通过使用字母或者符号来代表声音或话语，这样语言就能被写成文字。早期的文字是以图画的形式存在的，但是现今的语言使用字母系统或字符系统。

手势语言因国家不同而不同，但是代表国家名字的手势语是全世界通用的，例如丹麦

图画　象形文字　字符

人

鸟

汉字的演变

非亚语系语言（Afroasiatic languages）：是指在北非和中东地区所说语言的所属语系，包括闪族语、柏柏尔语、库希特语以及乍得语群。

字母系统（Alphabet）：是指书写文字时使用的一套符号或字母，它们代表不同的话语声音。

阿尔泰语系（Altaic Languages）：是指亚洲中部和东部地区人们所说语言的语系，包括土耳其语、蒙古语和通古斯满族语。

阿拉伯语字母表（Arabic Alphabet）：是指一个由28个字母组成的字母表，从右到左书写。继罗马字母表之后，它是当今世界使用最广泛的字母表。

南岛语系（Austronesian Languates）：是指从马达加斯加岛到夏威夷的居民所说语言的语系，包括马来语、马尔加斯语、毛利语、斐济语以及澳大利亚土著语。

双语人（Bilingual）：是指能说两种语言的人或者群落。

来自巴布亚新几内亚的一个部落，在那里，人们讲着800多种不同的语言

布莱叶盲文（Braille）：是指供盲人阅读的字母表，由凸起的圆点构成，代表数字、字母和标点符号。

字符（Character）：是指一种符号，代表一个单词或部分单词，用在像汉语、日语等语言的书面语中。字符是从象形文字演变而来的。

克里奥尔语（Creole）：是指一种由洋泾浜语发展而来的语言，即从混杂语言（不同语种的人们在商业交往中使用）发展而来的。在加勒比海，非洲奴隶使用他们部落的混杂语言以及他们欧洲主人的语言。他们的孩子把这种混杂语言作为第一语言并伴随他们成长，从此，这种语言便发展成为克里奥尔语。

kitabu
斯瓦希里语

Book
英语

βιβλίο
希腊语

konyv
匈牙利语

古斯拉夫语字母表（Cyrillic Alphabet）：是指从希腊字母表发展而来的一套字母表，被俄罗斯和一些东欧国家使用。

книга
俄语

पुस्तक
印地语

كِتَاب
阿拉伯语

書
汉语繁体字

用不同语言和字母写的"书"字

方言（Dialect）：是指在某一特定区域或者被某一社会群体所使用的变异语言。

德拉威语系（Dravidian Languages）：是指在印度南部和东南亚部分地区的人们所使用的语言，包括马拉雅拉姆语、泰米尔语和泰卢固语。

希腊字母表（Greek Alphabet）：是由24个字母组成的字母表，从公元前800年以来就被用来写希腊语。

印欧语系（Indo-European Languages）：是指在欧洲、西南亚和印度的人们所使用的语言体系，包括日耳曼语、罗曼语、波罗的斯拉夫语以及伊朗语族。印欧语系是世界上分布区域最广的。

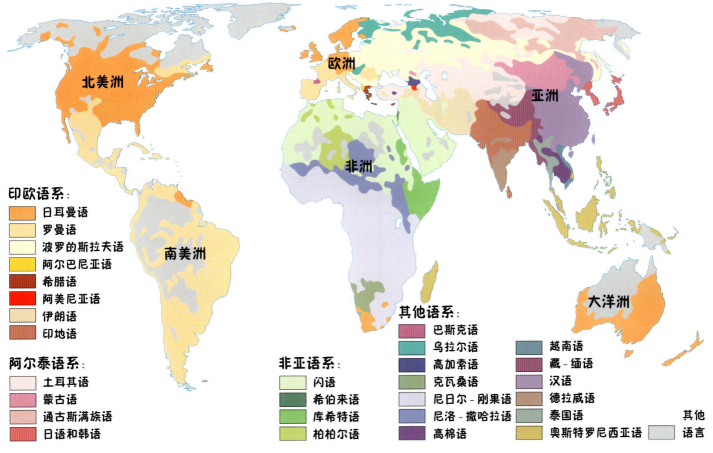

印欧语系：
- 日耳曼语
- 罗曼语
- 波罗的斯拉夫语
- 阿尔巴尼亚语
- 希腊语
- 阿美尼亚语
- 伊朗语
- 印地语

阿尔泰语系：
- 土耳其语
- 蒙古语
- 通古斯满族语
- 日语和韩语

非亚语系：
- 闪语
- 希伯来语
- 库希特语
- 柏柏尔语

其他语系：
- 巴斯克语
- 乌拉尔语
- 高加索语
- 克瓦桑语
- 尼日尔–刚果语
- 尼洛–撒哈拉语
- 高棉语
- 越南语
- 藏–缅语
- 汉语
- 德拉威语
- 泰国语
- 奥斯特罗尼西亚语
- 其他语言

北美洲　南美洲　欧洲　非洲　亚洲　大洋洲

盲人阅读者用他们的手指"读"书

（南非）克瓦桑语（Khoisan Languages）：是一种非洲语言，也被称作吸气音语言，它是利用吸气的响声，用嘴唇和舌头发出声音。

尼日尔–刚果语（Niger-Congo Languages）：是指在撒哈拉沙漠以南非洲大陆的人们所使用的语言体系，包括科尔多瓦语和班图语。就说话人和语言种类而言，它是最大的语族之一。

象形文字（Picture Writing）：是指一种古老的文字形式，用不同的符号来表示，其形状像它们代表的物体。这些符号逐渐演变发展成简化形式，例如埃及的象形文字和中国的汉字。

洋泾浜语（Pidgin）：即混杂语言，是指两种语言的简单混合，经常被没有共同语言的不同群体使用。

罗马字母表（Roman Alphabet）：是指罗马人从希腊字母表发展而来的字母表。目前，它是世界上使用最广的字母表。

手势语（Sign Language）：是指聋哑人使用的一种可视语言。它利用手的动作和面部表情进行交流。在世界上，不同国家使用100多种不同的手势语。

汉藏语系（Sino-Tibetan Languages）：是指亚洲东部的人们所使用的语言体系，包括汉语和藏–缅语。它是世界上第二大使用最广泛的语系。

声调语（Tone Language）：是指一种语言，当某些单词的音调或声调发生变化时，单词的意思就发生变化，如汉语。

乌拉尔语系（Uralic Languages）：是指在东欧某些地区的人们所使用的语言，包括匈牙利语和萨摩耶语。

你知道吗

★ 世界超过1/3的人说的5种语言：汉语、英语、印地语、西班牙语和俄语。

★ 大约1/5的人说汉语，使之成为世界上使用最广泛的语言。汉语有数种不同的变异，其中普通话使用最广泛。

★ 加那利群岛的戈梅拉人用响亮的口哨在山谷间互相对话。

★ 在一些国家，有许多语言，因区域不同而不能互相理解。为了避免此类事情的发生，国家选择一种"标准语言"，应用在学校、企业和政府里以避免沟通障碍。在非洲国家加纳，有79种不同部落语言，因此，英语被作为标准语言使用。

传统房屋 Traditional Homes

一座瑞士房屋，屋顶的形状便于大雪从屋顶脱落

现今大多数人居住在由砖或混凝土建造的住宅或公寓楼里。但是，有一些人仍然住在传统的房屋里，这些房屋与他们的生活方式或当地环境相匹配，而且能以低廉的价格用当地的材料建造。其中，有些房屋几个世纪以来保持不变，而有一些已经被改造，以适应现代生活。例如毡房，即蒙古游牧民族居住的帐篷，现在已变成永久性的家园，而且这些永久性家园成为蒙古首都乌兰巴托市郊区居民的首选。

印度尼西亚少数民族之一托拉贾的传统木屋：船屋

公寓楼（Apartment Block）：是指城市中高高的建筑物。地面空间缺乏，为了给更多人提供住处，人们建造高楼。大多数公寓楼是有意建造的，而有些大房子是被改造成公寓的，目的是给更多的人提供住处。

平房（Bungalow）：是指单层小屋，有时屋顶有阁楼。在南亚，与公寓楼形成对比，平房通常只有一个家庭居住。

房船（Houseboat）：是指一艘被设计或改装成家的船。有些房船是永久停泊的。

雪屋（Igloo）：是指北美因纽特人传统的居所，这些圆顶小屋是因纽特人在外出狩猎时居住的地方，通常是用雪搭建的。把切割好的雪块一个一个地摆在一起搭成一个圆屋顶。然后用灯泡融化墙里面的雪，之后，雪又很快冻结形成了不透风的墙。

小木屋（Log Cabin）：是指用粗糙的原木建造的小房子。小木屋是欧洲和北美树木密集地区传统的建筑。

马赛房（Maasai House）：是东非马赛人的传统住所。先用树枝和木杆编织，再用泥、草和动物粪便裹附表面以保持建筑物的干燥。马赛房屋没有窗户，只有一处开口让光照进来，放烟出去。

游牧民在帐篷里宿营

泥砖房屋

町屋（Machiya）：是指日本传统木制城市住房。町屋窄而长，通常有一个小的庭院花园，瓦屋顶，房子可能有一到三层高。

泥砖房（Mudbrick House）：是指用传统的砖块建造而成的房屋。砖块用泥成形，放到炎热的太阳下烘干而成。泥砖房屋通常建在像北非这样炎热干燥的地区。

芦苇房（Mudhif）：是指在伊拉克南部沼泽地建造的传统芦苇房屋。芦苇房通常是一个很大的、公用的房屋，拱形屋顶。如果沼泽水面上升太高，芦苇房能被很快拆卸，运到地势较高的地区。

游牧民（Nomads）：是指不定居在一个地方的人。通常为了给他们的牲畜寻找牧场或为他们自己寻找狩猎场而到处迁徙。游牧民通常住在帐篷里，帐篷能很容易随他们搬动。

圆形房（Round House）：是指建造在圆形地基上的房屋。许多早期圆形房屋和棚屋的建筑形状像帐篷。在非洲和欧洲南部的许多地区，圆形房屋仍然很流行。

高脚楼（Stilt House）：是指在水上或泥土地上用支柱支撑搭建的房屋。高脚楼通常建在洪水经常泛滥的地区。它们也经常用来帮助抵御害兽。在印度尼西亚及周边地区，海岸边的高脚楼是渔村的栖息地，它们又被称作"奎笼"（即传统的海上鱼虾养殖场）。

圆锥帐篷（Tepee）：是指传统的、美洲土著人的圆锥形帐篷，用水牛皮搭在柱子上建造而成。

在印度尼西亚被称作奎笼的高脚楼（见上）

西非的一幢圆形房（见下），用烘干的泥巴和茅草屋顶建造而成

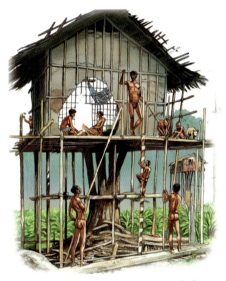

巴布亚新几内亚的一间树屋

排屋（Terraced House）：连排别墅，指相互连接的一排房屋其中的一个，通常两层或两层以上。

茅草屋顶（Thatch）：是指用草、树叶或芦苇建成的屋顶，分层次铺设，排水性非常好。

木架构房（Timber-frame House）：是指围绕着木制框架建造的房屋，墙是用木头、砖或者用树枝裹泥建造的。

船屋（Tongkonan）：是指印度尼西亚少数民族之一托拉贾建造的传统房屋。屋顶是个大船形，向房屋的前面凸出伸展。

树屋（Tree House）：是指在树枝之间建造的房屋。在热带地区，把房屋建在树上能够保护人们免受地上动物的袭击和大雨季节洪水的侵袭。

窑洞（Yaodong）：是指中国西北高原古老传统的居住形式，通常是在沙山边缘挖掘出来的住所。在窑洞前有一个门和几扇窗户，洞里用灰泥涂抹，冬暖夏凉。

毡房（Yurt）：是指蒙古游牧民族居住的圆形帐篷，木制框架搭建，用毡垫和帆布覆盖防止雨水。许多蒙古人住在毡房里。

9

马赛人和他们的牛住在传统的房屋里

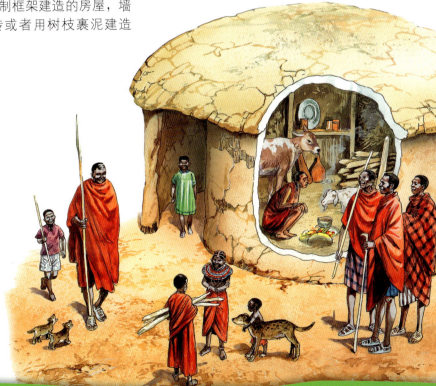

运动 Sports

运动是指一种由个人或团队参加的体育活动，有时是为了娱乐，有时是作为竞赛的一部分。在一些运动中，跑得最快的人或投得最远的人是获胜者。在其他的运动中，例如网球或足球运动，运动员通过得分或进球获胜。在少数运动中，像体操运动，根据运动员的技能表演，由裁判员来评选获胜者。职业运动员是指以运动、比赛为职业的人，其他人为了娱乐或锻炼身体而进行体育活动。

体育运动（Athletics）： 是指包括赛跑、跳跃或投掷运动等的田径运动。

棒球（Baseball）： 是一种用棒和球进行比赛的运动，由两个球队在方形球场上进行比赛。棒球运动在美国、加拿大、南美和东亚很流行。

篮球（Basketball）： 是指两个队之间进行的球类运动，两个队的球员设法把球投进对方的篮筐里，篮筐被高高地固定在每队球场的最后部。

保龄球（Bowling）： 是一种结合娱乐性、趣味性、抗争性和技巧性为一体的运动，球员（在木板道上）滚球击倒一连串的球瓶，或者尽可能多地击倒球瓶。

拳击（Boxing）： 是指戴拳击手套的两个竞争对手，用拳头争斗的一项运动。

皮划艇（Canoeing）： 是指桨手用桨来划狭窄的、一人小艇的运动。

格斗（Combat Sport）： 是指两个竞赛者在比赛中互相搏斗的运动。拳击、摔跤和武术都是格斗运动。

障碍滑雪（见左上）
环法自行车赛（见下）是
世界上最大的自行车比赛

板球（Cricket）： 是指在两队之间用球和球板进行的运动。在英格兰、南亚、南非、澳大拉西亚和西印度群岛，这项运动是最受欢迎的夏季运动。

骑自行车（Cycling）： 是指运动员以自行车为工具在公路、场地跑道、乡村山地上比赛骑行速度的体育运动。

跳水（Diving）： 是指竞赛选手从高处平台跃入水池中，同时表演翻筋斗和蜷曲身体旋转等各种姿势的运动。

激流皮划艇划过汹涌的海面

马术（Equestrian Sport）： 是指在马上进行的各种竞技体育运动。马术运动包括赛马、超越障碍赛、盛装舞步赛和马球比赛。

田赛（Field Event）： 是指一种运动比赛，像投掷标枪、铁饼或推铅球、撑竿跳或跳高和跳远。在比赛中，田赛项目是在运动场中央或体育馆内举行。

足球（Football）： 是指一种球类体育运动，也被称为英式足球，在足球比赛中，两个球队努力把足球踢进对方球队的球门。

高尔夫球（Golf）： 一种比赛，参赛选手用球杆把小球以尽可能少的击球次数，击入一连串的洞穴。

两名球员在足球比赛中争球

赛跑者们在接力赛中传递接力棒

体操（Gymnastics）： 是一项运动，参赛体操运动员在地面上或专门的器械上完成基于力量、技巧和平衡的常规动作。

曲棍球（Hockey）： 是一种比赛，在比赛中，两个球队用曲棍把球击入他们对手的球门。在冰上曲棍球比赛中，两个球队在冰场上进行比赛，队员穿溜冰鞋，用冰球，即一厚圆盘形球，来代替圆球。

武术（Martial Arts）： 是一组体育运动，源于亚洲，作为自我防卫或攻击的手段。器械武术包括剑道（即剑术）和弓道（即箭术）。徒手武术用手和脚作为武器，像空手道、跆拳道和自由搏击。

相扑

奥运会（Olympic Games）： 是一项国际多种运动的赛事，以古代奥运会举办地奥林匹亚命名。来自全世界的运动员参加比赛，通过获得第一、第二或第三的方式，赢得金牌、银牌或铜牌。

回力球（Pelota）： 是一种源于西班牙的快速球赛，在拉丁美洲也很流行。

球拍运动（Racket Sport）： 是指所有用球拍击球的体育运动，球拍是一种用线穿制的拍框。球拍运动包括网球运动、羽毛球运动等。

赛艇（Rowing）： 是一项水上运动，由一名或多名团队桨手坐在舟艇上，比赛谁划得快。

沙滩排球

橄榄球（Rugby）： 是用椭圆形球进行比赛的一种球类体育运动，始于19世纪40年代的英格兰。

帆船（Sailing）： 是一种水上运动项目，运动员驾驶轻便风力船（例如帆船）进行比赛或运动。

滑雪（Skiing）： 是一项冬季运动，运动员脚穿长长的、直的滑雪板在雪地上快速滑行。在障碍滑行比赛中，滑雪运动员在斜坡上的木杆之间以尽可能快的速度迂回穿行。

冲浪（Surfing）： 是一项水上运动，运动员站在或卧在被海浪冲起的、长长的冲浪板上冲浪。参加比赛的冲浪运动员在他们"骑在"海浪之上时，表演各种有难度的动作。

相扑（Sumo Wrestling）： 是一项体育比赛，在比赛中，两位相扑选手都试图把另一位选手推出环形比赛场地。

游泳（Swinmming）： 是一项运动员用手臂和腿的力量在水中划行的运动。根据不同的游泳姿势，可以分为自由泳、蛙泳、蝶泳和仰泳。

赛马比赛

网球（Tennis）： 是一种球拍运动，在网球运动中，两位或四位选手用球拍击球过网。现代的网球比赛始于19世纪70年代的英格兰。

径赛项目（Track Event）： 是在跑道上进行的体育比赛。有些竞赛项目涉及跨栏；在接力赛跑中，每一个队的赛跑队员在把接力棒传给下一个赛跑队员之前，要先跑一段距离。

排球（Volleyball）： 是在两个球队之间进行的球类比赛。在排球比赛中，运动员用手把球击过高高的球网，目的是不让球落在地面。

水上运动（Water Sport）： 是在水中或水上进行的体育运动，如游泳、潜水、冲浪、帆板运动、皮划艇运动和帆船运动等。

冬季运动（Winter Sport）： 是指依赖冰和雪进行的运动，如滑冰和滑雪等。

摔跤（Wrestling）： 是一种格斗体育运动。在这种运动中，以把对手摔倒在地上为胜。

11

你知道吗

★ 我们目前知道的许多体育运动都起源于古代。一些运动开始于宗教仪式，另一些是对力量和耐力的测试。在古时候，体育运动鼓励人们积极参加马术、摔跤和其他锻炼以便为战争做准备。

★ 足球运动是世界上开展最普遍的运动，全球大约有3亿人踢足球。它也是观众最多的体育比赛，大约有10亿人观看了2010年的世界杯决赛。

★ 特别危险的活动也被称为极限体育运动，如冰山攀岩运动、跳伞运动和水上摩托车运动。

艺术 Arts

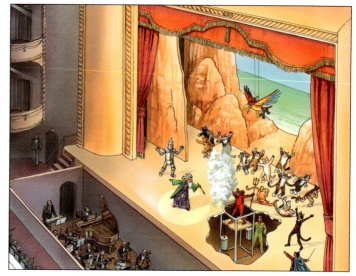

管弦乐队伴奏的戏剧中的演员们

——件艺术作品是指用技巧和想象力创作的一件实物或一项表演，并且因为它的美或它所能唤起的强烈情感而被欣赏。艺术形式包括视觉艺术，例如绘画和雕刻；表演艺术，例如戏剧、舞蹈和音乐；文学作品，例如小说和诗歌。艺术作品的创作和发展有着强烈的时代感和地域性，同时也受创作者个性特征和阅历的影响。

抽象派艺术（Abstract Art）：是指一种视觉艺术的风格，主要用线条、颜色和质地来进行创作，以其创作本身为目的，而不是为了描述事物。

建筑学（Architecture）：是指设计建筑物的艺术，目的是使所设计的建筑物看上去舒适，并且具有很好的实用性。

装饰派艺术（Art Deco）：是指基于高雅的、对称的几何构图而创作的一种艺术和建筑风格。这种风格在20世纪20—30年代比较流行。

在印度尼西亚大部分地区，木偶表演很流行。哇扬戏木偶（印度尼西亚爪哇的一种古典木偶戏）是用硬纸板做成，用线牵动。表演时，由演员在幕后操纵木偶，利用灯光照射，在屏幕上产生木偶影子而进行表演

芭蕾舞（Ballet）：是指一种优雅的舞蹈形式，随音乐表演，经常被用来讲述故事。芭蕾舞是建立在一套姿势和动作基础之上的，在17世纪的欧洲非常盛行。

西班牙艺术家胡安·格里斯（1887—1927）创作的立体派绘画——吉他

蓝调（Blues）：是指一种音乐风格，是从20世纪早期非洲裔美国黑人奴隶所唱的劳动歌曲基础上逐渐发展形成的。

编舞者（Choreographer）：是指编制舞蹈中连续动作的人，并训练跳舞者成为表演中的舞蹈演员。

古典音乐（Classical Music）：是指具有西方传统的、正规形式的音乐，以记谱法模式（即用符号谱写音乐）来表演。古典音乐包括交响乐、歌剧和芭蕾舞音乐。

作曲家（Composer）：是指创作音乐的人。

乐队指挥（Conductor）：是指指挥合唱团或管弦乐队表演的人。他掌握表演的速度节拍，给演奏（唱）人员暗示，按照他的意图来表达，并鼓励演奏（唱）人员更加柔和或大声地演奏（唱）。

一个男孩在弹奏电吉他，电吉他可用在摇滚、流行以及许多其他的音乐风格中

立体派（Cubism）：是指一种绘画风格，立体派通过排列组合立方体、球形体以及其他几何图形的方式，把不同物体描绘出来，产生美感。

戏剧（Drama）：是指由演员在观众面前以表演形式讲述的故事。不同的文化有不同的戏剧风格，可包括舞蹈、哑剧、假面剧或歌曲。

印象主义（Impressionism）：是指一种绘画风格，不对细节进行描绘，而是用熟练的绘画艺术营造光、暗色和色彩的效果。

12

爵士乐（Jazz）：是指一种音乐风格，始于20世纪早期非洲裔美国黑人。多数爵士乐包括部分的即兴创作（即现场制作）。爵士乐队乐器可以包括钢琴、鼓和低音提琴。

哑剧（Mime）：是指戏剧的一种表现形式，用动作和面部表情而不是语言来表达行为或情感。

现代主义（Modernism）：是指一种艺术风格，目的是脱离传统。现代主义者避开对生活的现实主义描述，支持更多抽象的形式。

演员、摄制人员和导演在拍摄电影

电影（Movie）：是指通过活动的影像来讲述的故事，通常伴有声音。

小说（Novel）：是指一部用平常语言而不是诗歌语言进行的长篇写作。小说是虚构的文学作品，讲述作者想象出来的事件。

歌剧（Opera）：是指被谱成曲子的戏剧，由歌唱演员和音乐家们共同演出。

管弦乐队（Orchestra）：是指一大群音乐家们一起演奏音乐。世界上有许多种类的管弦乐队，但经典的西方管弦乐队的乐器包括有弦乐器，木管乐器、铜管乐器和打击乐器。

一位男舞蹈演员在支撑一位女芭蕾舞演员摆优雅的姿势

摄影艺术（Photography）：是指用照相机捕获影像的艺术。许多摄影师用灯光和布景来创作动人的图像，就像一幅有美感的绘画。

诗歌（Poetry）：是指用韵文、韵律和词语的音调来表达情感的写作。诗歌可以是长长的叙述或是对事件或情感的简短描述。

波普艺术（Pop Art）：流行艺术的简称，是一种利用从通俗文化中提取不同图像来表达的艺术，例如品牌设计、连环漫画或各界名流的肖像。

美国新奥尔良的一个爵士乐俱乐部

流行音乐（Pop Music）：是指一种大众化的、以赢利为主要目的而创作的音乐，通常表现为简短易记的歌曲形式。

木偶剧（Puppetry）：是指用木偶表演的戏剧，通过线、竿或手套牵动木偶来演出。木偶剧是日本、印度和爪哇戏剧的主要形式之一。

一位雕刻家在用泥土雕刻一位女人的脸

摇滚音乐（Rock and Roll）：是指20世纪50年代在美国发展起来的一种音乐风格，具有强大的击鼓节拍和简单的旋律。摇滚乐队里有歌手、电子吉他、低音号和架子鼓。

雕刻艺术（Sculpture）：是指通过雕刻石头、金属、木材、石膏、黏土或其他材料制作出不同人物或抽象形式的艺术。

交响曲（Symphony）：是指管弦乐队演奏的大型乐曲，通常由被称为乐章的几个有明显差异的部分组成。

建筑物 Structures

建筑物是指一幢大楼，一座塔，一座桥梁或其他大的建筑。建大楼是为了能作为住宅或办公室使用，建桥梁是为了人们能横穿沟壑或水域，建大坝是为了阻挡水，建体育场是为了能举办体育赛事，建纪念碑是为了纪念著名的人或事件。一些建筑物的建造，像埃菲尔铁塔，是为了证明新技术或打破纪录。在过去的这个世纪里，许多大楼和塔楼的建造都是为了力争成为世界上最高的建筑物。

位于瑞典首都斯德哥尔摩爱立信公司的球形体育馆

拱桥（Arch Bridge）：是指桥面以下是拱形结构的桥。它是最古老的桥梁形状之一。其拱形结构能给桥梁提供支撑力。

香港中银大厦（Bank of China Tower）：位于香港，高315米的摩天大厦，是香港中国银行的总部所在地。它是1989—1992年间亚洲最高的大楼。

开启桥（Bascule）：是指一种桥梁，桥身的一部分能像吊桥一样被抬起或降落，能让高船在桥下通过。

梁桥（Beam Bridge）：是指一种简支桥，由横梁构筑，在两端有柱桩支撑。

哈利法塔（Burj Khalifa）：原名迪拜塔，是指坐落于阿拉伯酋长国迪拜市的摩天大楼，高828米。这栋大楼在2010年开放，是目前所建成的最高的建筑物。

1. 坐落于阿拉伯酋长国迪拜市的哈利法塔
2. 坐落于加拿大多伦多市的国家电视塔
3. 坐落于马来西亚首都吉隆坡的双子星塔
4. 坐落于美国纽约市的帝国大厦
5. 坐落于中国香港的中国银行大厦（简称中银大厦）

圣路易斯拱门

斜拉桥（Cable-stayed Brideg）：是指一种由斜拉索支撑的桥梁。斜拉索从桥的索塔悬拉出，索塔位于桥的任一终端，桥面的重量由索塔支撑。

悬臂桥（Cantilever Bridge）：桥身分成两段的桥梁，每个梁的一端固定在河岸上，另一端固定在中间支撑物上。

克莱斯勒大厦（Chrysler Building）：是指一座位于纽约的摩天大楼，一座装饰派（◀12）建筑，高319米，1930年竣工。在帝国大厦建成之前，它是世界上最高的建筑物。

加拿大国家电视塔（CN Tower）：是指一座位于加拿大多伦多市的标志性建筑，高553米。它是广播电视信号传送站，有两个观景台。1976年竣工后直到2010年哈利法塔建成之前，它是世界上最高的建筑物。

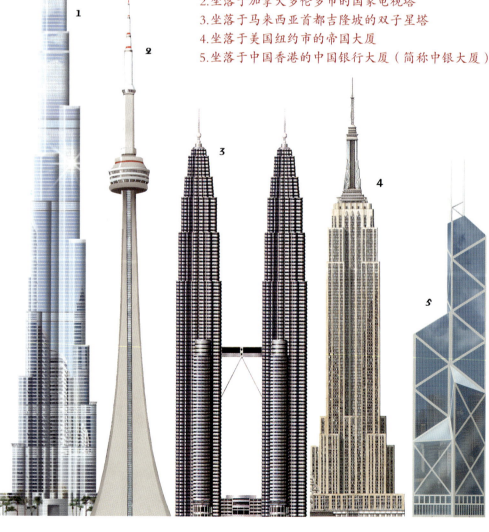

水坝（Dam）：是指横穿河流建起的一座屏障，目的是拦截水流用于饮水、灌溉农作物、利用水电发电或者防洪。

埃菲尔铁塔（Eiffel Tower）：位于法国巴黎的铁制建筑物，高300米，1889年建成。在它建成时，是世界上最高的建筑物。

帝国大厦（Empire State Building）：是指一座位于纽约的摩天大楼，高381米。1931年竣工后直到1973年前，它是

不同类型的桥（见上）

世界上最高的建筑物。它的塔尖被设计成飞艇碰泊塔，但只用过一次。

爱立信球形体育馆（Erisson Globe）：是指瑞典国家室内体育馆，位于瑞典首都斯德哥尔摩。它是世界上最大的半球形建筑物，宽110米，高85米。

圣路易斯拱门（Gateway Arch）：是世界上最高的纪念碑，建于美国密西西比河上，高达192米。1965年建造，是为了纪念圣路易斯"通往西部的大门"的历史作用而建。其钢制拱门是中空的，里面有升降电梯到达顶部。

一座位于阿姆斯特丹的开启桥

双子星塔（Petronas Towers）：是指坐落于马来西亚首都吉隆坡的一对摩天大楼。这对大楼是1998—2004年间世界最高楼，高达452米。每座塔楼有88层，一座天桥连接两座塔楼的第41层和第42层。

摩天大楼（Skyscraper）：是指特别高的大楼，通常20多层高。摩天大楼可耗费较少的土地而提供更多空间。它们是许多土地有限又昂贵的大城市的特有景观。

吊桥（Suspension Bridge）：是指一种悬索桥，由连接桥塔间的钢缆悬索作为主要承重构件。吊桥非常适合于建在长又高的河流上，因为它不需要可能干扰河流运输的一排支柱。

悉尼歌剧院（Sydney Opera House）：是世界上最著名的现代建筑之一，位于澳大利亚悉尼。20世纪60年代建造，建筑物顶部的设计模仿了港口里的船帆。

坐落于澳大利亚悉尼港的悉尼歌剧院

你知道吗

★ 全球水上最长的桥梁是中国青岛海湾大桥（胶州湾跨海大桥），长36.48千米。T形大桥连接黄岛区、青岛主城区和红岛。

★ 全球陆地上最长的桥梁是中国丹阳至昆山特大桥，全长164千米。它连接上海和南京，是京沪高铁的一部分。

★ 现代摩天大楼在设计中，特意允许大楼可以摇摆，是为了避免它们在强风或地震中突然倒塌。迪拜的哈利法塔顶部可前后摇晃大约2米。

★ 全球最快的电梯是在日本最高的电梯试验塔"G1塔"中，它的运行速度是每分钟1 080米。

埃菲尔铁塔

农业和渔业 Farming & Fishing

拖拉机在收割棉花

农业是指人们通过种植庄稼或饲养动物以获取食物和原材料。农场按照规模大小包括从小规模的社区地块到大的国际性产业。现代化机器能够帮助农民开展工作，例如能帮助农民更快、更高效地种庄稼或挤牛奶。渔业对许多住在大海附近的人们来说是一种食物来源和重要的产业。渔民们用不同的船和网来捕获各种不同的鱼和海洋生物。

农耕（Agriculture）：是指耕作农田，种庄稼或者饲养动物是为了获取食物或原材料。

作物栽培（Arable Farming）：是指培植农作物。

商品作物（Cash Crop）：是指被种植的农作物是用来销售的而不是农民自己用。

谷类植物（Cereal）：是指谷物，例如小麦、稻米、玉米、大麦、黑麦或小米。谷类植物为许多人提供基本的食物来源。

农作物（Crop）：是指人工栽培的植物，人工栽培植物是为了获取食物或者为了生产纺织品、燃料或其他产品。

耕种（Cultivation）：是指一系列人类直接利用土地获取各种作物产品的活动，即农作物被种植之前对土地所做的准备工作，以及种植农作物、照料和收割农作物等。

乳品业（Dairy Farming）：是指为了生产牛奶、黄油和奶酪而养殖奶牛、山羊或者绵羊。

肥料（Fertilizer）：是指一种物质，它被添加到土壤中以增强土壤的肥沃力以及为植物的生长提供必要的营养。一些肥料是用化学的方法生产的，而另一些则是自然产生的，例如：粪肥。

纤维作物（Fibre Crops）：是指被用于生产织物的植物，例如：棉花、亚麻和大麻等。

养鱼场（Fish Farm）：是指养鱼的地方。在那里，可以孵化鱼苗、养殖鱼类，以便能为水族馆提供鱼类，为垂钓湖补充鱼类货源或把鱼作为食物出售。

不同地区有不同种类的动物。瘤牛生活在南亚和非洲；美利奴羊分布很广，因为它们能适应热的干燥气候；山羊生活在土地贫瘠的地方；猪在世界各地都能找得到；火鸡原产于北美，16世纪时被带到欧洲

瘤牛

美利奴羊

山羊

猪

火鸡

不同种类的捕鱼网：由船牵引的拖网；在表层水域捕鱼用的、散开的大型围网；垂挂在水中的漂网

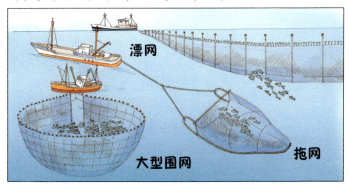

漂网

大型围网

拖网

渔业（Fishing）：是指为了获得食物而捕鱼的实践。大多数的鱼是由渔夫捕捞的，他们用大网在船上作业，被称为拖网渔民。

草料（Fodder）：是指被种来喂养牲畜的食物。

自由放牧场（Free Range）：是指一种养殖场。在自由放牧场里，猪和鸡可以自由活动，不受围栏的限制。

转基因农作物（Genetically Modified Crops，GM）：是指在实验室里被人工改变基因的农作物，通常是为了获得更好

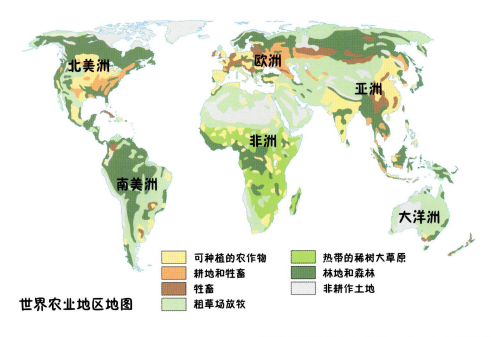

世界农业地区地图

图例：
- 可种植的农作物
- 耕地和牲畜
- 牲畜
- 粗草场放牧
- 热带的稀树大草原
- 林地和森林
- 非耕作土地

地图上标注：北美洲、欧洲、亚洲、非洲、南美洲、大洋洲

用扬谷方法筛米：可食用的谷物落在地上，而谷物外壳留在筛网上

的口味或者为了抵御害虫。一些人担心转基因农作物对人有潜在的长期影响。

收割（Harvest）：是指把农作物采集在一起的过程。大多数农场用联合收割机，联合收割机是一台大的机器，能收集农作物，切割秸秆，然后把谷物从秸秆上分离下来。

园艺（Horticulture）：是指小规模地栽培园地的实践，种植水果、蔬菜、花卉和其他植物。

集约农业（Intensive Farming）：是指用于增加食品产量的方法，例如：在农作物上施肥或喷洒农药。在室内饲养牲畜，喂混合饲料以便能使它们在尽可能短的时间里增加重量，或者生产出更多的鸡蛋或牛奶。

灌溉（Irrigation）：是指把河流或湖泊中的水转移出来浇灌干旱的耕地。可以通过挖掘渠道改变水流方向，或者铺设管道引水到布满喷水器的农田来实现浇灌。

有机农业（Organic Farming）：是指不使用人造杀虫剂或肥料的农业。

畜牧业（Pastoral Farming）：是指为了获取肉、奶制品、羊毛或者毛皮而饲养动物的产业，例如：饲养猪、奶牛或绵羊。

农药（杀虫剂）（Pesticides）：是指各种化学药品，可以杀死破坏农作物的害虫。

稻米（Rice）：是指一种谷类植物，它是数亿人的食物。生长在水田里，水田即充满水的田地。把幼苗种植在水下的地垄上。收割之后，稻米经过打谷、脱粒，然后扬谷筛米，脱去谷壳和沙砾。

轮垦耕种（Shifting Cultivation）：是指一种耕作农业体系，在这个体系中，只要土地肥沃，农民就种植庄稼。当土地变得贫瘠时，就转移到他处。最常用的方法是刀耕火种的耕作方式，即采用砍伐焚烧山林的方式来开垦耕地。

自给农业（Subsistence Farming）：是指生产的粮食仅够农民家庭或当地社区居民食用的农业。

拖拉机（Tractor）：是指一种大功率的工具，能牵引耕犁或其他农用机械。它的巨大后轮很容易在泥巴地里穿行。

你知道吗

★ 世界上大约一半的劳动大军从事农业。

★ 1850年时，一个普通的美国农民生产的粮食仅够4人食用。此后，农业机械的发展使得农民可以用较少的劳动生产更多的农作物。如今，一个农民生产的粮食已经可以供养130人了。

★ 在大西洋，渔业捕捞过度意味着一些物种几乎灭绝，例如鳕鱼。据估算，一年有2 000万吨鱼被抛弃，因为它们不符合有关对所捕鱼的大小、种类和数量等规定。这种行为无端地减少了鱼的存量。

★ 澳大利亚的羊毛产量占世界的1/4。在澳大利亚，羊的数量比人还多。

现代种植粮食的农民在一年中不同的时段里，用各种机器来开展工作。农民用犁来翻土，用耙来平整土地。条播机把种子放进整齐的地垄上，然后用土覆盖。农作物喷雾器喷洒农药。联合收割机收获农作物，并把谷物从秸秆上分离下来

17

产业 Industry

蒸馏

分馏塔
煤油
润滑油
原油

瓦斯
汽油
柴油
工业用油

“**产业**”这个词是指经济社会的物质生产部门，即生产或提供人们需要或想要的商品或服务的部门。世界上有许多种类的产业，包括采矿业、农业、渔业、制造业和供人们使用的各种服务项目。产业主要分为三大类：第一产业，提取原材料；第二产业，生产商品；第三产业，提供服务。

装配流水线（Assembly Line）：是指一个工业生产过程，即在制造一件成品的连续工序中，工人和机器有效地配合来完成不同阶段的装配工作。装配流水线提高了生产的速度和效率，为了完成任务，在装配流水线上工作的工人需要接受专业训练，每个机器零件都是为此专门设计的。

自动化产业（Automated Industry）：是指使用像机器人一样的专用设备来提高生产率的行业。在电子和汽车工业大量使用自动化操作。

石油钻塔

煤（Coal）：是指一种燃料，各种植物经过数百万年后，腐烂并沉积形成岩石层状的泥煤。开采出来的煤，在电厂被用作燃料，燃烧发电；或者被送入熔炉中燃烧，帮助炼铁和炼钢。

建筑业（Construction Industry）：建造家园、工厂、桥梁、道路和其他大的建筑物。它属于第二产业。

家庭手工业（Cottage Industry）：是指一种以家庭或小作坊为单位进行生产的小型制造业。家庭手工业包括陶器制造、玻璃吹制和花边制造。

图为一个露天挖掘的铜矿，巨大的挖掘机挖掉地表岩石，挖出矿石

蒸馏（Distillation）：是指通过加热和冷却的方法净化液体的过程。从油井抽出的原油被送到炼油厂，通过蒸馏法分离出不同的物质。原油在蒸馏塔里加热，释放出蒸汽，在不同的温度点冷却、变稠。放在不同高度的托盘收集各种液体的凝结物。

出口（Exports）：是指将产品和服务出售到其他国家。

化石燃料（Fossil Fuels）：是指各种燃料，包括煤、石油和天然气，是由死于几千万年前的生物残骸形成的。

燃料（Fuel）：是指一种热源或能源，包括像煤或汽油这样的燃烧物以及能被用来产生核反应以释放能量的物质。

进口（Imports）：是指从其他国家购买产品和服务。

基础设施（Infrastructure）：是指一个国家的基础性建筑和网络，是各种产业运作所必需的。比如，交通四通八达对于运输产品和原材料是至关重要的；厂房为工厂提供生产车间；电力为机器提供动能，为建筑物提供光和热；电信网络对开展业务至关重要。

制造（Manufacture）：是指从原材料制造成商品的生产。制造业生产和制造出各种商品，如服装、汽车、电子产品和建筑物等。

市场（Market）：是指买卖商品的地方。

大规模生产（Mass Production）：是指在短时间内，利用装配流水线和自动化机器生产出大量的产品。这降低了劳动力成本，并能

工业机器人在装配流水线上制造汽车

鹿特丹港负责处理许多进入和离开西欧的货物

天然气（Natural Gas）：是指一种易燃的气体混合物，和石油一样，都是在几千万年前形成的。工人们通过钻井来提取天然气，或者用泵把天然气通过井输送到地表。

石油（Oil）：是一种在电厂和运输系统作燃料使用的物质，对塑料制品来说，也是必不可少的原材料。石油的形成过程很漫长，经过几千万年的时间，死掉的海洋植物和动物被埋在海洋沉积物下，逐渐被压缩成岩石层。细菌的热反应把这些海洋动植物残骸变成石油或天然气。

建筑工人在切割金属

让人们以较低价格大量购买这样的产品。于是这种产品能以合理又负担得起的价位被推销到大众市场。

采矿（Mining）：是指从地下挖掘出原材料的过程，例如：宝石、金属和化石燃料。那些在地表附近发现的原材料是用露天挖掘的方式来开采的，即把地表岩石切挖走。而那些深埋地下的原材料是通过钻井挖掘出来的，从钻井经过隧道网络通向岩石面。石油和天然气是通过地面或海床上钻出的井开采的。

家庭手工业：玻璃吹制

油井（Oil Well）：是指在地面上钻出的竖井，通过井，人们可以采集石油。石油的压力足可以使石油喷出地表。如果不行，要用泵来输出。人们利用安装在近海石油钻塔里的钻具来开采海床下的石油。

矿石（Ore）：是指含有金属的岩石。

第一产业（Primary Industry）：又称"一次产业"，是指直接取得或种植原材料的产业部门。采矿业、农业和渔业都是第一产业。

采石场（Quarry）：是指一个深矿坑，岩石或其他原材料就是从那里运出的。

原材料（Raw Material）：是指用来制造产品的主要物质。原材料，如木材、石油或谷物都是第一产业的产品。第一产业指伐木业、采矿业和农业。

第二产业（Secondary Industry）：又称"二次产业"，是指把原材料变成产品的产业，如汽车、建筑或食品加工等。

冶炼（Smelting）：是指从含有金属的岩石或矿石中提取金属的过程。通过给岩石加热到能够使金属熔化并流出的高温来实现金属提取。

第三产业（Tertiary Industry）：又称"三次产业"，是指提供服务的产业，如银行、商店、教育、休闲服务业、旅游业或运输业等。第三产业也被称为服务性行业，不提取或生产产品，只提供服务。

贸易（Trade）：是指产品或服务的买和卖。

财富与贫穷 Wealth & Poverty

世界上大约85%的财富掌握在仅仅10%的人手里，主要在欧洲、美国和日本。相比之下，世界上大约一半的人口仅拥有1%的世界财富。比较贫穷的地区经常受到卫生设备缺乏、疾病和战争的困扰，但是即使在富裕国家也有人生活在贫困中。最富有的人拥有充裕的金钱和财产，而那些生活在贫困中的人们没钱买像食物和住所这样的基本生活必需品。

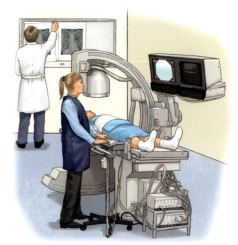

医院里的X射线机水平是一个国家发展的重要标志

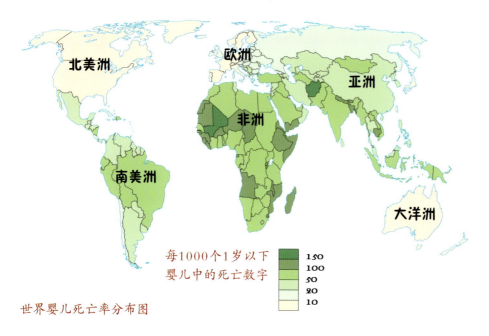

北美洲　欧洲　亚洲　非洲　南美洲　大洋洲

每1000个1岁以下婴儿中的死亡数字

150
100
50
20
10

世界婴儿死亡率分布图

绝对贫穷（Absolute Poverty）：是指没有能力购买像水、食物、卫生保健、教育、住所和衣物这样的生活必需品。世界上约10亿7 000万人生活在绝对贫困中。

童工（Child Labour）：是指雇用法定年龄以下的儿童工作，这种用工方式影响儿童教育并可能对他们的身心造成危害。在许多国家这是非法的，但在一些地方这种现象仍然存在。

债务（Debt）：是指一方欠另一方的钱。许多发展中国家以贷款的形式（借钱）接受外援。因为利息（借钱的费用）累积，许多国家负有巨额债务。

发达国家（Developed Country）：是指人均收入和生活水平高的国家。在发达国家，绝大多数人口从事制造业和第三产业（◀19），例如银行和休闲娱乐等行业。

发展中国家（Developing Country）：是指人均收入较低、医疗卫生水平较差、教育落后以及食物相对匮乏的国家。在发展中国家，大多数人从事农耕或制造业。

流行病（Epidemic）：是指一种能在很多人中迅速传播的疾病。改善的医疗卫生水平和生活条件使得现在流行病减少了。但是在一些发展中国家，有些疾病的流行仍然普遍，如饮用脏水而引起的霍乱和由蚊子传播的疟疾。

公平贸易（Fair Trade）：是指在国际贸易中，能够保证生产者得到公平的交易价格，以及致力于提高工人们的工作环境。公平贸易主要聚焦在发展中国家出口到发达国家的产品，例如糖、茶和香蕉等。

巴西圣保罗的贫民区与富人区只有一墙之隔

饥荒（Famine）：是指能够导致营养不良、饥饿、疾病和死亡的、分布广的食物缺乏。饥荒主要是由天灾造成的，例如洪水、干旱、吃农作物的害虫或损害农作物的疾病等。战争和政府规划不善也能导致饥荒。

外援（Foreign Aid）：是指富国赠予或贷款给较穷国家的钱、食物或资源，包括长期开发援助，即为具体的项目提供资金；短期援助，即在困难时所给予的食物援助，比如：地震发生后的援助。援助可以是双边的（由一个国家赠予）或是多边的（由多国赠予）。

一位非洲妇女正在从河中取水，这条河非常浑浊，但这是当地唯一的水源

国内生产总值（Goss Domestic Product，GDP）：是指一定时期内，一个国家或地区的经济中所生产出的全部最终产品和劳务的价值，被认为是判断一个国家经济状况的最佳指标。

国民生产总值（Gross National Product，GNP）：是最重要的宏观经济指标，指一个国家或地区所有常驻机构、单位在一定时期内收入初次分配的最终成果。

八国集团（Group of Eight）：是指世界八大主要工业国：美国、日本、德国、法国、意大利、俄罗斯、英国和加拿大。它们的GDP占世界总GDP的60%多。

人类贫困指数（Human Poverty Index，HPI）：是指根据一个国家的财富（GDP和GNP）及其教育、生活标准和平均寿命评价国家财富和贫穷的度量。

婴儿死亡率（Infant Mortality Rate）：是指每1000名1岁以下的婴儿的死亡数。婴儿死亡率是对一个国家发展的精确度量。发展中国家的婴儿平均死亡率比发达国家高6倍。

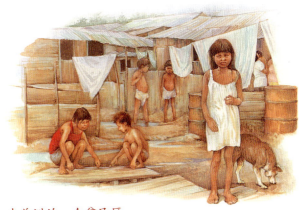

南美洲的一个贫民区

国际货币基金会（International Monetary Fund，IMF）：是指以稳定国际汇率为目标的组织。它也以提供贷款的方式帮助面临财政问题的国家。

平均寿命（Life Expectancy）：是指人民预期寿命的平均值。一个国家人民的平均寿命经常被用来评定其生活条件和公共医疗卫生服务。在较富裕、发达的国家，平均寿命通常较高。

营养不良（Malnutrition）：是指由吃不饱或吃不好而引起的营养缺乏。营养不良主要由贫穷和饥饿引起，并会导致严重疾病，甚至死亡。

最低工资（Minimum Wage）：是指雇主能合法地支付其工人的最低金额的劳动报酬。

相对贫困（Relative Poverty）：是指在同一社会里与其他人相比是穷的。相对贫穷的那些人能够负担得起像食物和住所这样的基本必需品，但不能享有像社会上其他人一样的生活标准。

贫民区（Shantytown）：是指位于发展中国家一些城市边缘的、大而乱的聚居地。贫民区的居民经常来自农村，为寻找工作住在条件极差的环境里，用他们能够找到的任何东西搭建住处。

无偿资助（Voluntary Aid）：依靠公众捐赠的慈善机构赠予贫穷国家的资金。无偿资助所占的份额不超过所有外援的1/10。

你知道吗

★ 非洲只有46%的人能喝上安全饮用水。

★ 塞拉利昂有世界上最高的婴儿死亡率，每1 000个出生婴儿中，死亡人数达到160人。

★ 世界上有1/6的孩子做童工。非洲童工的数字特别高，在那里，艾滋病肆虐，使得许多孩子成为孤儿。许多孤儿需要工作来养活自己及他们的家人。自从20世纪80年代这种流行病出现以来，仅在南非就有1 700万儿童成为孤儿。

★ 在坦桑尼亚，每12.5万人只配有1名医生，是世界上1名医生配比人口最高的国家。最低的配比率在古巴，1名医生配比156个人。

环境 Environment

人类对我们居住的地球做了许多改变，其中一些改变造成了不良的影响。工厂、车辆、飞机和发电站的排放物污染了海洋和空气，还给大气层增加了许多温室气体。因为世界人口不断增加，森林被砍伐用来建造新的房屋和开垦耕地，毁掉了许多动物的天然栖息地。一些物种已濒临灭绝。

事故污染（Accidental Pollution）：是指意外地将污染物释放到环境中，例如，一艘载油船只失事，油泄漏到海洋里。这可能会杀死或危害数以千计的动物。

酸雨（Acid Rain）：当工厂和发电厂排放的各种气体与水结合时，在大气层中会形成含酸性物质的雨。酸雨危害湖泊、河流和溪流中的野生生物，使土壤中酸性太高不适合植物生存。

空气污染（Air Pollution）：是指由车辆、工厂的烟囱和发电厂排放的各种烟气和烟雾造成的空气污染。空气污染加强温室效应，引起各种呼吸道疾病，例如哮喘。

可生物降解的废弃物（Biodegradable Waste）：是指有机废弃物，例如：能自然分解的食物。可生物降解产品的分解会释放一种温室效应的气体——甲烷。

化学废弃物（Chemical Waste）：是指任何由化学品造成的废弃物。目前地球上大部分地区都或多或少受到化学废弃物的污染，危害动植物从而使人类面临新的疾病。

堆积如山的垃圾

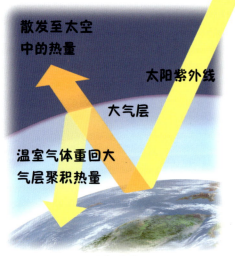

散发至太空中的热量

太阳紫外线

大气层

温室气体重回大气层聚积热量

温室效应

氯氟碳化物（Chlorofluorocarbons，CFCs）：是指用在冰箱和喷雾器中的化学品。当氯氟碳化物（CFCs）释放到大气层时，它会毁坏臭氧层。近几年它们的生产已大大减少。

气候变化（Climate Change）：是指地球天气情况的各种变化。近几年，气候的急剧变化是由燃烧矿物燃料，在大气层中产生过量的二氧化碳造成的。气温升高会导致猛烈的暴风雨、干旱以及极地冰冠融化，海平面升高。

保护自然环境（Conservation）：是指管理和关心自然环境，以避免因动物栖息地的破坏和物种的灭绝而带来的自然界失衡。

如果全球变暖导致冰川融化，海平面将会上升。这将会导致全球许多海滨城市被海水淹没

沙漠化（Desertification）：是指森林、绿地或灌木丛变成沙漠的过程。沙漠是持久干旱的结果，或是人为造成的。例如，牧民和农民在绿地上过度放牧或是把河流、湖泊的水用来浇灌附近的农作物。目前沙漠面积比100年前大3倍多。

富营养化（Eutrophication）：是指湖泊或河流里含有过多的营养成分，经常是由从土壤中渗漏到湖泊或河流里的化学肥料引起的。富营养化引起水植物密集生长，然后腐烂，耗尽水中氧气，从而杀死鱼类。

全球变暖（Global Warming）：是指地球气温的逐渐升高。过去的一个多世

漏油事故中幸存下来的鸭子

污染源：飞机尾气①，工业污染②，森林大火与砍伐③，核电站④，煤电站⑤，垃圾场⑥和汽车尾气⑦

纪，地球的平均温度升高了0.5℃。大多数科学家认为这是燃烧矿物燃料累积的温室效应气体导致的。

温室效应（Greenhouse Effect）：大气层能防止太阳热量散失，存在于大气层中的某些气体可引起地球变暖。这些气体，例如：二氧化碳和甲烷，被称作温室效应气体。如果燃烧像煤和汽油一样的矿物燃料（◀18）会带来过多温室效应气体的累积，多余的热量散发不出去，地球就会变暖。

焚化（Incineration）：是指燃烧废弃材料以便处理。许多国家的垃圾填埋场把焚化当作一种垃圾处理的方法。燃烧废弃物所产生的热量能被用来发电，但燃烧废弃物所释放的气体可能造成空气污染。

垃圾填埋场（Landfill）：是指处理垃圾的地方，通常是通过掩埋的方式。垃圾填埋法是处理垃圾的最广泛方法。

臭氧层（Ozone Layer）：是指大气层中薄薄的臭氧气体层。它阻止太阳到达地球的有害射线。一些化学物，例如氯氟碳化物（CFCs），释放到空气中损害臭氧层，容许更多的太阳射线到达地球表面。

农药飘失（Pesticide Drift）：是指化学农药（◀17）从农作物那里飘流到土壤或水中，毒害植物和动物。

污染（Pollution）：是指人类活动的副产品对自然环境的有害影响，例如化学物质、污水、农药和噪声污染。

再循环（Recycling）：是指把废弃物，例如玻璃、金属或塑料等，转化成新物体的过程。这减少了对垃圾填埋和燃烧废弃物的需求。许多城镇设有垃圾回收处或垃圾箱供人们回收垃圾。

水污染（Water Pollution）：是指河流、溪流、运河、湖泊或海洋受到污染。有时，工厂把化学或其他废弃物倒进排水沟。在一些地方，未处理的污水直接倒进排水沟。化学肥料和农药也会污染水资源。

可回收垃圾箱

你知道吗

★ 如果温室气体的排放以现在的速度增长，到2100年地球温度可能上升4.5℃。

★ 2010年4月曾发生最大的海洋漏油事件，当时在美国路易斯安那州沿海的一个海上钻井平台爆炸。爆炸导致11名工人死亡，石油泄漏杀死了8000多种鱼类、海龟、海洋哺乳动物和海鸟。

★ 臭氧层吸收97%～99%的太阳紫外线。

★ 每1吨回收利用的纸可挽救约17棵树。

★ 生产再生纸比用新鲜木浆生产纸节省70%的能量。

图书在版编目（CIP）数据

我们的世界 / (英) 鲁斯·西蒙斯著 ; 徐淑玉, 李家坤译. —沈阳 : 辽宁科学技术出版社, 2018.5

（少年儿童百科全书）

ISBN 978-7-5591-0027-6

Ⅰ. ①我… Ⅱ. ①鲁… ②徐… ③李… Ⅲ. ①科学知识-少儿读物 Ⅳ. ①Z228.1

中国版本图书馆CIP数据核字(2016)第287637号

出版发行：辽宁科学技术出版社

(地址：沈阳市和平区十一纬路 25 号　邮编：110003)

印 刷 者：辽宁新华印务有限公司

经 销 者：各地新华书店

幅面尺寸：230mm × 300mm

印　　张：3

字　　数：80 千字

出版时间：2018 年 5 月第 1 版

印刷时间：2018 年 5 月第 1 次印刷

责任编辑：姜　璐

封面设计：大　禹

版式设计：大　禹

责任校对：唐丽萍

书　　号：ISBN 978-7-5591-0027-6

定　　价：25.00 元

联系电话：024-23284062

邮购咨询电话：024-23284502

E-mail：1187962917@qq.com

http://www.lnkj.com.cn